1886 Mars 5

ATELIER

DE

V. BACHEREAU

TABLEAUX & ÉTUDES

MEUBLES ANCIENS

ARMES

TAPISSERIES & ÉTOFFES

EXPOSITION PUBLIQUE

LE JEUDI 4 MARS 1886

HOTEL DROUOT, SALLE N° 9

COMMISSAIRE-PRISEUR

Me LÉON TUAL

56, rue de la Victoire, 56.

EXPERT

M. B. LASQUIN

12, rue Laffitte, 12.

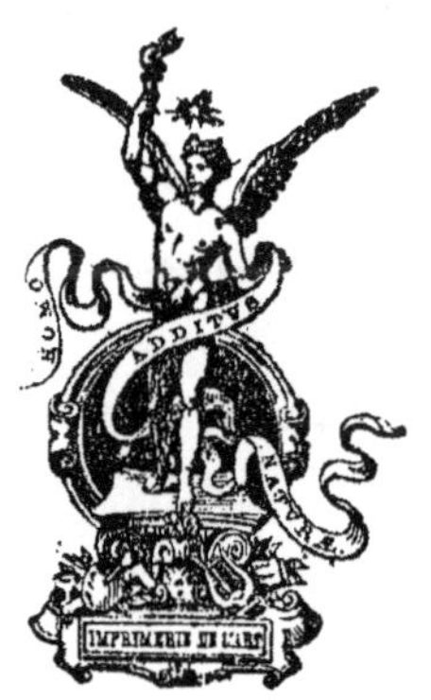
ADDITVS
NATVRÆ
IMPRIMERIE DE L'ART

CATALOGUE

DES

TABLEAUX ET ÉTUDES

PAR

V. BACHEREAU

Meubles anciens, Armes
Tapisseries, Étoffes anciennes
Objets divers

GARNISSANT SON ATELIER

DONT LA VENTE AURA LIEU

POUR CAUSE DE DÉPART

HOTEL DROUOT, SALLE N° 9

Le Vendredi 5 Mars 1886

A DEUX HEURES

Me LÉON TUAL	**M. B. LASQUIN**
COMMISSAIRE-PRISEUR	EXPERT
56, rue de la Victoire, 56	12, rue Laffitte, 12

Chez lesquels se trouve le présent Catalogue.

EXPOSITION PUBLIQUE : Le Jeudi 4 Mars 1886

DE 1 HEURE A 5 HEURES

CONDITIONS DE LA VENTE

Elle sera faite au comptant.

Les acquéreurs payeront en sus des enchères *cinq pour cent*, applicables aux frais.

L'exposition mettant le public à même de se rendre compte de l'état des objets, il ne sera admis aucune réclamation une fois l'adjudication prononcée.

Paris. — Imp. de l'Art. E. Ménard et J. Augry
41, rue de la Victoire, 41

DÉSIGNATION DES OBJETS

TABLEAUX ET ÉTUDES

1 — *Visite domiciliaire pendant la Révolution.*

Salon de 1884.

Haut., 80 cent.; larg., 1 mètre.

2 — *Henriette d'Entragues, présentée à Henri IV.*

Salon de 1880.

Haut., 75 cent.; larg., 95 cent.

3 — *La Galerie des Glaces du château de Versailles en 1871.*

Salon de 1877.

Haut., 75 cent.; larg., 1 mètre.

4 — *Un Rapport suspect.*

Salon de 1883.

Haut., 45 cent.; larg., 36 cent.

5 — *La Fontaine Wallace de la place Clichy.*

Salon de 1882.

Haut., 62 cent.; larg., 52 cent.

6 — *La Causette.*

Haut., 45 cent.; larg., 36 cent.

7 — *Le Chanteur.*

Intérieur Renaissance.

Haut., 45 cent.; larg., 36 cent.

8 — *Le Vidercome de vermeil.*

Haut., 46 cent.; larg., 36 cent.

9 — *La Signature du contrat.*

Haut., 45 cent.; larg., 36 cent.

10 — *Tête d'étude.*

Haut., 45 cent.; larg., 36 cent.

11 — *Soldats jouant aux cartes.*

Haut., 24 cent.; larg., 36 cent.

12 — *Tête d'étude, femme en buste en corsage bleu.*

Haut., 13 cent.; larg., 11 cent.

13 — *Jeune Femme soignant des fleurs.*

Haut., 23 cent.; larg., 17 cent.

14 — *Tête d'étude, femme en buste.*

Haut., 21 cent.; larg., 15 cent.

15 — *La Curieuse.*

Haut., 17 cent.; larg., 23 cent.

16 — *L'Invitation sans façon.*

17 — *La Soubrette coquette.*

Haut., 26 cent.; larg., 20 cent.

18 — *La Musicienne.*

Intérieur du temps de l'Empire.

Haut., 26 cent.; larg., 20 cent.

19 — *Le Beau Pâris.*

Haut., 44 cent.; larg., 36 cent.

20 — *La Négresse.*

Haut., 23 cent.; larg., 18 cent.

21 — *Le Duo.*

Haut., 25 cent.; larg., 31 cent.

22 — *La Galerie des Glaces du palais de Versailles.*

Haut., 65 cent.; larg., 53 cent.

23 — *L'Arrestation.*

Haut., 33 cent.; larg., 26 cent.

24 — *Le Petit Chien savant.*

Haut., 16 cent.; larg., 19 cent.

25 — *Un Incroyable.*

Haut., 20 cent.; larg., 15 cent.

26 — *Un Homme d'armes, Louis XIII.*

Haut., 20 cent.; larg., 15 cent.

27 — *Environs de Poissy.*

Haut., 26 cent.; larg., 37 cent.

28 — *La Seine sous Poissy.*

Haut., 26 cent.; larg., 37 cent.

29 — *Le Pont de Clichy.*

Haut., 27 cent.; larg., 37 cent.

30 — *Géraniums dans un vase de faïence.*

Haut., 54 cent.; larg., 44 cent.

31 — *Les Pêches.*

Haut., 22 cent.; larg., 27 cent.

32 — *Vase de fleurs.*

Haut., 80 cent.; larg., 62 cent.

33 — *Femme à l'éventail.*

Haut., 44 cent.; larg , 36 cent.

34 — *Intérieur de salon.*

Haut., 36 cent.; larg., 44 cent.

35 — *Le Salon de la Guerre, palais de Versailles.*

Haut., 36 cent.; larg., 44 cent.

36 — *Intérieur de parc.*

Haut., 41 cent.; larg., 53 cent.

37 — *Vestibule Henri II.*

Haut., 46 cent.; larg., 36 cent.

38 — *Escalier Henri II.*

Haut., 44 cent.; larg., 36 cent.

39 — *Le Puits, paysage.*

Haut., 57 cent.; larg., 46 cent.

40 — *Étude pour le tableau : la Fontaine Wallace.*

Haut., 33 cent.; larg., 24 cent.

41 — *Étude de chat.*

Haut., 62 cent.; larg., 80 cent.

42 — *Nature morte ; fruits.*

Haut., 72 cent.; larg., 57 cent.

43 — *Tête de mort.*

Haut., 17 cent.; larg , 22 cent.

44 — *Le Sentier rocailleux.*

Haut., 45 cent.; larg., 34 cent.

45 — *Homme lisant. Louis XIII.*

Haut., 23 cent.; larg., 17 cent.

46 — *Le Petit Pont à Trianon.*

Haut., 26 cent.; larg., 20 cent.

47 — *Beaumarchais lisant le « Mariage de Figaro ».*

Esquisse.

Haut., 23 cent.; larg., 18 cent.

48 — *La Seine à Vilesnes.*

Haut., 26 cent.; larg., 37 cent.

49 — *Sous bois. Forêt de Saint-Germain.*

Haut., 26 cent.; larg., 37 cent.

50 — *Tamerlan.*

Esquisse.

Haut., 17 cent.; larg., 23 cent.

51 — *Mort de François de Guise.*

Esquisse.

Haut., 20 cent.; larg , 28 cent.

52 — *Une Salle des gardes.*

Haut., 18 cent.; larg., 25 cent.

53 — *Le Salon de jeu à Versailles.*
Étude.
Haut., 26 cent.; larg., 37 cent.

54 — *Le Gardien du Sérail.*
Haut., 25 cent.; larg., 18 cent.

55 — *Le Jeu de volant.*
Haut., 46 cent.; larg., 59 cent.

56 — *Effet de neige.*
Haut., 20 cent.; larg., 26 cent.

57 — *Sentinelle.*
Haut., 23 cent.; larg., 14 cent.

58 — *Tentation de saint Antoine.*
Esquisse.
Haut., 14 cent.; larg., 10 cent.

59 — *Dans la galerie des Glaces.*
Haut., 37 cent.; larg., 26 cent.

60 — *Le Singe qui montre la lanterne.*
Haut., 1 m. 29 cent.; larg., 95 cent.

AQUARELLES ET DESSINS

61 — *Souvenir de Trianon.*

62 — *Fontaine Wallace.*

63 — *Gentilshommes.*

64 — *Un Coin d'atelier.*
Fusain.

65 — *Le Singe qui montre la lanterne magique.*

66 à 81 — Études diverses.

MEUBLES ANCIENS

82 — Coffre du XVIe siècle en bois de noyer sculpté, offrant sur la face quatre portiques en perspective séparés par des pilastres cannelés, une frise de godrons et une autre de cartouches.
Les côtés sont composés d'ornements.

83 — Meuble à deux corps du temps de Louis XIII, en bois de noyer garni de colonnettes torses engagées. Il ouvre à quatre portes et renferme trois tiroirs.

84 — Petite table Louis XIII, en noyer.

85 — Fauteuil Louis XIII, garni de brocatelle.

86 — Petite commode Louis XV, de forme contournée à deux tiroirs, en bois de placage et garnie de bronzes.

87 — Table à ouvrage Louis XVI, en acajou.

88 — Meuble d'entre-deux, en bois noir marqueté de cuivre.

89 — Ameublement en velours gris capitonné, composé de un canapé, deux fauteuils et deux chaises.

ARMES ANCIENNES

90 — Demi-armure du XVIe siècle, en fer, dont les différentes pièces sont ornées d'une bordure repoussée à godrons.

91 — Demi-armure Louis XIII, en fer noirci et clouté de cuivre.

92 — Deux pertuisanes Louis XIII.

93 — Un fusil à rouet.

94 — Un fusil Louis XIV.

95 — Cotte de mailles ancienne.

96 — Sabres et pistolets de diverses époques.

OBJETS VARIÉS

97 — Groupe en terre cuite d'après Clodion : faune, bacchante et amour.

98 — Groupe en bois sculpté du temps de Louis XIII : saint Jean, sainte Madeleine et la Vierge, au pied du Christ en croix, sur socle à colonnettes torses. Ce groupe est renfermé dans une vitrine.

99 — Miroir à encadrement en cuivre repoussé, genre Renaissance.

100 — Trois miroirs dans des cadres italiens à couleurs, en bois sculpté et doré.

101 — Cartel de style Louis XVI, en bronze doré, modèle à festons de lauriers.

102 — Miroir de style Louis XIII, garni d'appliques de cuivre.

103 — Panneau offrant cinq médaillons à sujets bibliques, disposés dans deux fonds d'ornements en écaille découpée et appliquée sur fond de cuivre doré. Époque Louis XIII.

TAPISSERIES ET ÉTOFFES ANCIENNES

104 — Tapisserie de Flandre du temps de Louis XIII, à sujet de paysage avec bordure de fleurs.

105 — Tapis de table velours vert frappé du XVIe siècle, à fleurs de lis dans des entrelacs.

106 — Portière en ancienne brocatelle du XVIIe siècle, à ornements bleus sur fond jaune.

107 — Grande portière en ancienne peluche de soie de Venise, à ornements et bordure en couleurs.

108 — Portière en tulle brodée de soie.

109 — Deux très grands rideaux d'atelier et deux portières en damas vert d'eau.

110 — Habit Louis XVI, en velours violet orné de paillettes d'argent.

111 — Habit Louis XVI, en velours bleu sur fond tissé d'or.

112 — Robes Louis XVI, en soie.

113 — Costumes variés.

114 — Étoffes anciennes et modernes.

115 — Tenture en ancien cuir de Cordoue.

116 — Peau de léopard.

Ustensiles d'atelier, table à modèle, etc., etc.

www.ingramcontent.com/pod-product-compliance
Lightning Source LLC
LaVergne TN
LVHW010332230826
846091LV00009B/3832

* 9 7 8 2 3 2 9 5 1 6 5 9 2 *